Esther von Krosigk
Papst FranzisKu♥ s

AF141678

Esther von Krosigk

Papst FranzisKu♥s

Anekdoten, Aperçus und Amüsantes
über den Pontifex aus Lateinamerika

Fromm Verlag

Impressum

Bibliografische Information der Deutschen Nationalbibliothek: Die Deutsche Nationalbibliothek verzeichnet diese Publikation in der Deutschen Nationalbibliografie; detaillierte bibliografische Daten sind im Internet über http://dnb.dnb.de abrufbar.

Coverfoto mit freundlicher Genehmigung des L'Osservatore Romano, Vatikan.

Verlag
Der Fromm Verlag ist ein Imprint der AV Akademikerverlag GmbH & Co. KG, Heinrich-Böcking-Str. 6-8, 66121 Saarbrücken

www.frommverlag.de

Herstellung in Deutschland durch Books on Demand GmbH, D-22848 Norderstedt

ISBN
978-3-639-46626-3

Inhalt

Kindheit und Jugend

Im Stadtteil Flores in Buenos Aires verbrachte Jorge Mario Bergoglio seine Kindheit mit Eltern und vier Geschwistern. Sie führten das bescheidene Leben einer Einwandererfamilie in dem kleinbürgerlichen, von Platanen-Alleen durchzogenem Viertel der Hauptstadt. Vater José Mario Francisco Bergoglio war einst aus der piemontesischen Ortschaft Portacomaro (nahe Asti) nach Argentinien emigriert und hatte dort eine Anstellung als Eisenbahnarbeiter gefunden. Im Jahre 1935 heiratete er die gebürtige Argentinierin Regina Maria Sivori, deren Vorfahren ebenfalls aus Italien stammten. Das Ehepaar hatte sich über die Kirche kennen gelernt.

Jorge Mario war ihr erstes Kind, es folgten: Alberto Horacio, Oscar Adrian, Marta Regina und Maria Elena. Zu Hause sprach die Familie das weiche melodische Spanisch des Rio de la Plata und natürlich Italienisch, die Sprache ihrer Vorfahren.

Der Papst hat seine Wurzeln nie vergessen – noch heute soll er den piemontesischen Dialekt beherrschen und außerdem die Lieder der Auswanderer.

◊

Er wurde 1936 am 17. Dezember geboren – dem Gedenktag des Heiligen Sturmi, einem Missionar aus Bayern, der als Bonifatius-Schüler und als Gründer und erster Abt des Klosters Fulda im 8. Jahrhundert eine entscheidende Rolle bei der Christianisierung der Sachsen spielte. Erstaunlich, dass das Datum von Bergoglios Geburtstag ausgerechnet auf einen Bayern verweist – schließlich wird Jorge Mario Bergoglio 76 Jahre später der Nachfolger von Papst Benedikt XVI., ebenfalls ein Bayer, der zudem als junger Mann im Dom von Freising zum Priester geweiht wurde und an der dortigen Hochschule lehrte. In Freising und in seiner direkten Umgebung ist der Heilige Sturmi beheimatet.

◊

Das kleine Haus in der Calle Membrillar Nr. 531, in welchem Bergoglio aufwuchs, war flach und ebenerdig – inzwischen wurde es mit weiteren Etagen aufgestockt und nicht gerade zu seinem Vorteil modernisiert: Es hat eine dunkelbraune Klinkerfassade und einen ausladenden Balkon vor dem Obergeschoß. Doch die Treppe, die Gitter, die kleine Terrasse und der Innenhof sind noch wie ehedem. Der kleine Jorge hat hier

mit seinen Geschwistern gespielt, gekickt und sich blutige Knie geholt.
Der heutige Hausbesitzer Arturo Blanco führt die internationale Presse mit Stolz und Eifer durch das Anwesen, beantwortet alle Fragen, obwohl er den neuen Papst persönlich gar nicht kennt. Vermutlich ist er sich noch nicht im Klaren was es heißt, einen künftigen Wallfahrtsort zu verwalten.

◊

Im November 2012 gab Kardinal Bergoglio der lokalen Radiostation "La 96, Voz de Caacupé" aus dem Stadtteil Barracas in Buenos Aires ein sehr privates Interview, in welchem er auch seine Kindheit schilderte:
Sein nächster Bruder war nur 13 Monate jünger als er, was zur Folge hatte, dass die Mutter mit den beiden Kleinkindern völlig überfordert war. Also wurde Jorge tagsüber zu Großmutter Rosa gebracht, deren Einfluss für ihn und seinen späteren Weg bedeutend war. Denn sie lehrte den kleinen Jungen das Beten und erzählte ihm Heiligengeschichten.
In diesen frühen Jahren hat er zuerst die piemontesische Sprache gelernt und später erst Spanisch.

Folgende schicksalhafte Begebenheit über die Auswanderung der Bergoglios nach Argentinien Ende der 1920er Jahren ist im Umlauf:
Lange vor der geplanten Abreise 1927 hatte sich die Familie die Tickets für die Reise mit dem Passagierschiff „Principessa Mafalda" besorgt, die Überfahrt sollte 14 Tage dauern und führte von Genua über Rio de Janeiro nach Buenos Aires. Doch die Bergoglios hatten Probleme mit dem Verkauf ihres Hausrats in der italienischen Heimat, es ging nicht recht voran. Wohl oder übel mussten sie ihre Fahrkarten zurückgeben und ihre Auswanderung um einige Monate verschieben. Dies alles geschah letztendlich zu ihrem Glück: Denn die „Principessa Mafalda" ging im Oktober 1927 vor der brasilianischen Küste unter, hunderte Menschen starben. Es war eine der größten Tragödien in der italienischen Geschichte.
Die Bergoglios erreichten Argentinien schließlich 1929, sieben Jahren vor der Geburt des heutigen Papstes.

◊

Bis heute hat Bergoglio sowohl die argentinische als auch die italienische Staatsangehörigkeit –

was seinen Start bei den nationalstolzen Italie-
nern natürlich erleichterte.

◊

Ganz in der Nähe seines Elternhauses, in der
Kapelle "Zur göttlichen Barmherzigkeit", hat
Jorge Mario Bergoglio seine Erstkommunion
empfangen. Eltern und Großeltern waren dabei,
es war eine sehr feierliche Zeremonie. Damals
war der Gedanke Priester zu werden einer unter
vielen. Bergoglio konnte sich auch vorstellen Arzt
zu werden, Ingenieur oder Musiker – was einem
halt alles so einfällt in dem Alter.

◊

Seit Kindesbeinen ist Jorge Mario Bergoglio ein
glühender Fußballfan. Er kickte mit
Leidenschaft, sass aber auch mit bereits neun
Jahren auf der Tribüne im Stadion und verfolgte
die Spiele seines heißgeliebten Fußballclubs
San Lorenzo de Almagro, in welchem sein Vater
Basketball spielte.

Im Jahre 1946 wurde der Club Meister und Jorge hat das hautnah miterlebt. Er war von diesem Ereignis völlig hingerissen – von der Atmosphäre im Stadion, vom Anfeuern der Mannschaft, vom Jubel bei jedem Tor. Tief beeindruckt erzählte er noch als Priester in seinen Predigten davon. Selbst heutzutage, über sechzig Jahre später, kann er noch die Team-Aufstellungen aus den 1950er Jahren aufsagen. Bei San Lorenzo ist der neue Papst Vereinsmitglied Nr. 88235. Als Erzbischof und Kardinal feierte er 2008 eine Messe zum 100. Jahrestag des berühmten Vereins. Die Spieler übergaben dem hohen Geistlichen ein mit ihren Autogrammen beschriftetes blau-rotes Trikot des Clubs.

Seit seiner Wahl nennt man Bergoglio in Anlehnung an den Spitznamen der Clubfans nur noch „den ersten Raben-Papst".

◇

Schulkameraden berichten, dass Jorge Mario ein stiller und fleißiger Schüler war, der sich nicht mit anderen angelegt und geprügelt habe.
Und dass er immer etwas von seinem Pausenbrot abgab – schon damals wollte er teilen.

Ja, und es gab Frauen im früheren, noch weltlichen Leben des heutigen Papstes...

Amalia Damonte wohnte in der Nachbarschaft von Jorge Mario Bergoglio, sie spielten miteinander und als sie beide zwölf waren, verliebten sie sich.

In einem romantisch abgefassten Brief hielt der heutige Papst um die Hand des Mädchens an und malte in seinem Schreiben sogar ein Haus, in welchem er mit ihr nach ihrer Hochzeit wohnen wollte.

Amalia äußerte in einem TV-Interview im März 2013, dass sie wahrscheinlich der Grund dafür war, dass der junge Bergoglio sich letztlich für ein geistliches Leben entschied. Denn er hatte ihr klar zu verstehen gegeben, dass er Priester werden würde, wenn sie seinen Antrag ablehne. Tatsächlich war sie dazu gezwungen – denn ihre Eltern sprachen sich energisch gegen den Verehrer aus. Nicht nur das... wütend zerriss ihre Mutter den Brief und ihr Vater hielt Amalia eine Standpauke.

Genau zehn Jahre später betrat Bergoglio zum ersten Mal das argentinische Priesterseminar, während Amalia einen anderen Mann heiratete und Kinder bekam. Mit Jorge hat sie seitdem nie wieder gesprochen.

◇

In den ersten Tagen als Papst hat Franziskus in Predigten und Reden vielfach den Satan erwähnt – als kleiner Junge soll er selber ein kleiner Teufel gewesen sein. Wild und den Kopf voller Flausen. Die Nonne Marta Rabino erinnert sich, dass er extrem lebhaft war und eben „ein kleiner Teufel, wie jeder Junge". Ähnliches sagte auch Schwester Rosa, die Bergoglio unterrichtete. Als erwachsener Mann ließ sich der heutige Pontifex gerne seine Streiche von seiner ehemaligen Lehrerin wieder und wieder erzählen. Diese gemeinsamen Erinnerungen endeten jedes Mal mit ihrer Frage: „Hast du dich inzwischen gebessert?" Worauf Bergoglio verschmitzt gelächelt haben soll.

◇

Die Eltern schickten den schlanken und hoch aufgeschossenen Sohn auf eine höhere Lehranstalt, wo er mit Anfang zwanzig eine Ausbildung als Chemietechniker abschloss. Doch Jugendfreunde erzählen, dass er schon während der Schulzeit beschlossen hatte, Priester zu werden.

◇

Mit 21 Jahren wurden bei Jorge Mario Bergoglio drei Zysten in der Lunge entdeckt, ein Teil seiner oberen rechten Lunge wurde entfernt. In der Zeit nach der Operation schwebte der Argentinier zwischen Leben und Tod – was in ihm die Entscheidung, Geistlicher zu werden, verstärkt haben mag.

Seitdem lebt der Heilige Vater sehr diszipliniert, spricht betont leise und langsam. Auch seine Bewegungen sind eher gemächlich, aber er ist – von einem wiederkehrenden Ischiasleiden abgesehen – in guter gesundheitlicher Verfassung. Und dass er belastbar ist, hat er durch seine jahrelange Leitung der Diözese Buenos Aires bewiesen.

◇

Sein Glaube, seine Spiritualität

Bergoglios Spiritualität basiert auf tätiger Nächstenliebe und dem Gebet. Seine Maxime war stets: Tun und Handeln müssen zusammenpassen. "Erst wenn alles übereinstimmt - Denken, Fühlen und Tun - ist es gut."
Jorge Mario Bergoglio ging seit jeher auf die Straße und in die Armenviertel, um die Menschen im Glauben zu erreichen. Er vermittelt eine einfache, anspruchslose Art der Frömmigkeit, die ihn früh schon sehr populär machte und im Amt des Pontifex zu seiner Beliebtheit beitragen wird.

◇

Immer wieder hatte der heranwachsende Jorge Mario Bergoglio erwogen Priester zu werden. Doch während seiner Ausbildung zum Chemiker gab es so etwas wie ein Erweckungserlebnis, das seine Entscheidung für ein geistliches Leben endgültig machte: An einem 21. September Mitte der 1950er Jahre kam er bei einem Spaziergang mit Freunden an der Basilika "San José" im Stadtviertel Flores vorbei. Die neobarocke Kirche mit den Figuren des heiligen Josef

und einer
Replika der Jungfrau von Luján am Eingang liegt
nur zwei Straßen entfernt von dem Haus,
in welchem Bergoglio aufwuchs.
Bergoglio gab seinen Freunden zu verstehen,
dass er kurz in die Kirche hineinschauen wolle,
doch als er eintrat fiel ihm sofort ein ihm unbe-
kannter Priester auf, der im Beichtstuhl an der
linken Seite vor dem Altar Platz genommen hatte.
Wenn Bergoglio sich beim Erzählen an diesen
Moment erinnert, fügt er an, dass er nicht genau
wisse, was ihm sodann geschehen sei: ...
"Ich spürte, als ob mich jemand in den Beichtstuhl hinein zog."
Am Ende seiner Beichte war ihm deutlich
bewusst, dass er Priester werden müsse.
Einige Zeit danach erfuhr er, dass sein
Beichtpriester, der aus der Provinz Corrientes im
Nordosten des Landes stammte und als Vertre-
tung in der Kirche Messe lesen sollte, bereits da-
mals an einer unheilbaren Krankheit litt und ein
Jahr später verstarb.

◇

Bergoglio tat hernach alles, um seiner Berufung
zu folgen und seine Mission zu erfüllen. Er studierte Geisteswissenschaften in Chile und be-

gann nach seiner Rückkehr nach Buenos Aires an der Theologischen Fakultät des Colegio Máximo San José in San Miguel Philosophie und Theologie zu studieren. Er stand in dieser Zeit besonders unter dem Einfluss seines Lehrers Lucio Gera, einem bekannten argentinischen Theologen. Im Dezember 1969, mit mittlerweile 33 Jahren, wurde Bergoglio von Erzbischof Ramón José Castellano zum Priester geweiht. Bereits vier Jahre später trat er seine sechsjährige Amtszeit als Provinzial der Jesuiten an. Dem Spätstart folgte also eine Blitzkarriere.

◇

Franziskus ist ein „early bird", er beginnt den Tag mit einer intensiven Gebetszeit, meist zwischen vier und sieben Uhr in der Früh. Um dieses disziplinierte Gebetsleben einzuhalten, geht er abends zeitig schlafen. Ihn zu vorgerückter Stunde in geselliger Runde anzutreffen kommt fast nie vor.

◇

Er gilt als gemäßigter und konzilianter Theologe. Konservative schätzen seine Rolle bei den Jesuiten, Liberale seinen Einsatz für die Kirche in den Entwicklungsländern. Bergoglio steht der konservativen und sozial engagierten Bewegung Comunione e Liberazione nahe. Sicher ist er nicht der scharfsinnige Intellektuelle wie es sein Vorgänger Benedikt XVI. war. Bergoglio ist belesen, aber bodenständig und von einer mitreißenden Herzlichkeit - er ging in die Favelas, hinaus zu den Menschen. Selten sucht er die große Bühne, doch wenn, hat er etwas zu sagen. Besonders die Auswirkungen der Globalisierung sind sein Thema und die große Kluft zwischen Arm und Reich. "Die ungleiche Verteilung der Güter schafft eine Situation sozialer Sünde, die zum Himmel schreit - und so vielen Brüdern und Schwestern die Möglichkeit eines erfüllteren Lebens vorenthält", äußerte er bei einem Treffen lateinamerikanischer Bischöfe im Jahr 2007.

◇

In seiner ersten Predigt nach dem Konklave konzentrierte sich der neue Papst auf die für ihn vorrangigen spirituellen Themen und Personen: Das sind der Heilige Geist, Maria und der Teufel. In Bezug auf letzteren zitierte der Pontifex Maximus den 1917 verstorbenen französischen Schriftsteller Léon Bloy: „Wer nicht zum Herrn betet, betet zum Teufel." Und bringt mit diesem Zitat seine tiefe Überzeugung zum Ausdruck: Wer sich nicht durch christliches Verhalten und durch sein Gebet zu Jesus Christus bekennt, der gibt unweigerlich ein Bekenntnis zur Gegenseite ab, zum Satan, zum Bösen.

◇

In weiteren Ansprachen hat der neue Pontifex vor allem die Liebe und die Barmherzigkeit, ja, sogar die Zärtlichkeit beschworen. Er hat daran erinnert, dass die wahre Macht sich nicht im Materiellen zeige sondern im Dienst am Nächsten. Das trifft, natürlich, auch für die Institution Kirche zu, die „eine arme Kirche für die Armen" sein solle.

◇

Der Mensch

Zu Bergoglios Lieblingsautoren zählen Friedrich Hölderlin, Jorge Luis Borges und Fjodor Michailowitsch Dostojewski. Die deutschen und italienischen Werke kann er sogar im Original lesen, denn beide Sprachen beherrscht Franziskus fließend.
Er liebt auch das große Kino, wobei er besonders den italienischen Neorealismus schätzt, also Filme von Roberto Rossellini, Luigi Zampa, Luchino Visconti, Federico Fellini.

◇

Seine Bescheidenheit ist sicherlich keine Masche, wie es Bergoglio-Kritiker zuweilen behaupten. Sie steht auch in keinem Gegensatz zu seinem entschlossenen und durchsetzungsstarken Charakter. Bergoglio ist ein vielschichtiger Mensch, der vor seiner Wahl zum Papst auch schon mal als „asketischer Mann Gottes" bezeichnet wurde. Obgleich er gutes und reichhaltiges Essen schätzt. Ebenso wurde er mitunter als „wortkarg und medienscheu" beschrieben, was sicher richtig ist – und dennoch hat ihn die Welt als eloquenten Redner kennengelernt, der aus dem Stegreif und direkt aus dem Herzen spricht.

In einem TV-Interview erinnerte sich eine Jugendfreundin an den 15. Geburtstag von Bergoglios jüngerer Schwester – es war eine Party mit der damals flippigen Musik der 50er-Jahre. Die Stimmung war ausgelassen, nur Jorge blieb verschlossen und ließ sich ungern zu einem Tanz überreden, den er dann ungelenk absolvierte. Ausgelassene Lebensfreude war nicht seine Sache, und sollte es auch nie werden. Allein den Tango, diesen melancholischen Tanz der Argentinier, liebte er. Als Jugendlicher ist er mit Freunden in Tango-Bars gezogen und war häufig auf der Tanzfläche anzutreffen.

Mit dem Tango sollte es für ihn viele Jahre später eine besondere Bewandtnis haben: Denn das lateinische Wort „tango" (= ich berühre) sprach Bergoglio vor den Wahlgängen im Konklave aus, als er, wie die anderen 114 Kardinäle auch, folgenden Schwur mit seiner Hand auf dem Evangelium tat: „Et ego Jorge Cardinalis Bergoglio spondeo, voveo ac iuro. Sic me Deus adiuvet et haec Sancta Dei Evangelia, quae manu mea tango." (Und ich, Jorge Kardinal Bergoglio, verspreche, verpflichte mich und schwöre es, so wahr mir Gott helfe und diese heiligen Evangelien, die ich mit meiner Hand berühre.) Ob er in jenem großen Moment auch an den Tango gedacht hat, zu dessen Klängen er sich in seiner Jugend gewiegt hat?

Die argentinische Abgeordnete Elisa Carrió äußerte in den Medien ein paar Tage nach der Papst-Wahl, dass der Heilige Vater einen Kern aus Stahl habe. Damit meinte sie wohl, dass er trotz seiner erkennbaren Milde und trotz der sanftmütigen Gesten gegenüber Bedürftigen eine Stärke und Durchsetzungskraft in sich hat, die nicht zu unterschätzen ist. Carrió verglich ihn mit dem Heiligen Franz von Assisi, der einstmals nichts dabei fand barfuß der römischen Obrigkeit entgegen zu treten. Und so entstand das Gerücht, dass auch Bergoglio zur Amtseinführung in Sandalen erscheine. Es war nicht ganz so krass, aber immerhin war sein normales Schuhwerk den Journalisten einen Hinweis wert.

◇

Mitte der 1980er Jahre weilte Bergoglio für mehrere Monate in Deutschland. Unter anderem vertiefte er seine Studien an der Philosophisch-Theologischen Hochschule Sankt Georgen in Frankfurt am Main, sein bereits begonnenes Promotionsprojekt blieb jedoch unvollendet.

Am Goethe-Institut in Boppard lernte er außerdem Deutsch. Dort, in Rheinland-Pfalz, hatte er ein kleines Zimmer zur Untermiete bei einem

deutschen Ehepaar, Helma und Josef Schmidt.
Es ging gemütlich-schlicht dort zu, der zukünftige
Papst sass häufig neben der etwas altmodischen
Standuhr auf einem Sofa im Wohnzimmer und
lauschte dem Klavierspiel seines Gastgebers.
Überhaupt liebte Bergoglio, so die Schmidts, die
Geselligkeit und war nur ungern allein auf seinem
Zimmer. Auch zum Beten zog er den Garten vor,
wandelte auf dem gepflegten Rasen hin und her,
dann durfte er nicht gestört werden.
Nach seiner Rückkehr nach Argentinien blieb
man miteinander in Kontakt, regelmäßig kamen
zu den großen Jahres-Festtagen Luftpostbriefe
aus Südamerika zu den Schmidts nach
Rheinland-Pfalz. Die Adresse auf dem Kuvert
getippt auf einer alten Schreibmaschine, aber die
Briefe fein säuberlich mit Hand und per Füller ge-
schrieben. So waren die Schmidts über das
Leben ihres einstigen Untermieters immer
bestens informiert – aber dass dieser einmal das
Oberhaupt aller Katholiken werden würde, hat sie
dann doch erstaunt.

◇

Während seines Aufenthaltes in Deutschland
reiste Bergoglio nach Augsburg und pilgerte zur
Wallfahrtskirche St. Peter am Perlach. Er war be-

sonders von dem barocken Gnadenbild „Maria Knotenlöserin" beeindruckt, von welchem er Kopien mit nach Argentinien nahm, wo das Gemälde des schwäbischen Kirchenmalers Johann Georg Melchior Schmidtner seither eine gewisse Popularität genießt.

◇

Privat hat Bergoglio eine Original-Kuckucksuhr von seinem Deutschland-Aufenthalt mit in die Heimat gebracht. Er war von diesem Mitbringsel anfangs ganz hingerissen und zeigte die Schwarzwälder Uhr, aus der bei jeder vollen Stunde das Vögelchen heraus krähte, jedem seiner Besucher. Dann ging Bergoglio das laute Ticken auf die Nerven – besonders störte es ihn bei seinen Betzeiten. Die Uhr hat er dann kurzerhand wieder von der Wand genommen und dem Jesuitenhaus in Buenos Aires vermacht, wo sie heute noch eines der Zimmer schmücken soll.

◇

Noch als Priester hat der heutige Papst seinem Neffen und Patenkind Jorge Vallejos Schimpfwörter beigebracht. Das fand seine Schwester Maria Elena Bergoglio überhaupt nicht komisch. Denn es führte eines Tages zu einer peinlichen Situation, als ihr Bruder "bei einem wichtigen Gottesdienst" predigte und ihr kleiner Sohn plötzlich beim Anblick des Onkels einen unflätigen Ausdruck für alle hörbar ins Kirchenschiff posaunte.
Nach der Messe kam Jorge Mario Bergoglio lachend auf die Familie zu und konnte nicht mehr aufhören sich auszuschütten.

◇

Als der Neffe noch ein Baby war, hat Bergoglio den Schnuller des Kindes gerne in Whisky getaucht. Die Lust an solchen Streichen und das heitere Gemüt soll er von seinem Vater geerbt haben, berichtet die Schwester.

◇

Der Erzbischof

Guillermo Marcó, ein sehr guter Freund des Papstes, erzählte einmal, dass Bergoglio bereits mit Mitte fünfzig glaubte, seine Aufgabe im Dienste des Herrn erfüllt zu haben. Aus der Hauptstadt sei er damals in die entfernte Universitätsstadt Cordoba gezogen, um an der dortigen Hochschule seine theologische Lehrtätigkeit fortzusetzen. Doch Bergoglios zweite Geburt vollzog sich 1998, mit der Berufung zum Erzbischof von Buenos Aires. Im Jahr 2001 ernannte ihn Papst Johannes Paul II. dann zum Kardinal. Knapp vier Jahr später war er kurz davor zum Papst gewählt zu werden.

◇

In die Favelas, die Armenviertel von Buenos Aires, fuhr der Bischof mit dem öffentlichen Bus und marschierte allein oder nur in Begleitung eines weiteren Padres durch Straßen, in die sich normalerweise nicht einmal Polizisten trauen. Vier- bis fünfmal im Jahr besuchte er diese Slums, bestehend aus einem Labyrinth niedriger Ziegelbauten mit Wellblech-Dächern, ausgestat-

tet mit einer primitiven Stromversorgung und kontrolliert von der südamerikanischen Mafia.
Bergoglio kratzte das nicht, er fürchtete nicht um seine Sicherheit.

Stets vertrat er die Meinung, dass sich die Geistlichen nicht in die Sakristei einschliessen dürften, sondern hinaus auf die Straße, zu den Menschen gehen müssten. Vor allem zu den Ärmsten. Das hat er vorgelebt.

Bei seinen Besuchen erschien der Bischof in einem schwarzen Mantel und trug ein schwarzes Notizbuch unterm Arm. Am Gründonnerstag 2012 kniete er sich vor eine Reihe von Kindern und Frauen in einer kirchlichen Sozialstation nieder und wusch ihnen die Füße.

◇

Tief innen bleibt er ein Konservativer, auch wenn sein Auftreten eine gewisse Lockerheit andeutet und sein Verhalten in manchen Punkten für einen hohen katholischen Geistlichen unkonventionell erscheinen mag. So hat Kardinal Bergoglio zum Beispiel Kinder getauft, ohne nach dem Familienstand der Mutter zu fragen. Bei einer Gelegenheit waren es sogar sieben Kinder und sie waren alle nicht einmal vom selben

Vater... Anschließend spendierte er Cola und Wurst-Brötchen. Die Mutter der Kinder bedankte sich höflich und gestand, dass die Großzügigkeit des Bischofs ihr ein Gefühl von Wert und Wichtigkeit gebe. Bergoglio lächelte und antwortete, dass nicht er es sei, der dies tue, sondern Jesus: „Für ihn sind Sie vor allem wertvoll."

◇

Statt im Bischofspalast lebte er in einem kleinen Appartment in Buenos Aires und kochte selbst. Das Zubereiten von Speisen ist ein richtiges Hobby von ihm – das Talent dafür soll Papst Franziskus von seiner Mutter geerbt haben. Kochen und Wirtschaften musste er sogar umständehalber mit jungen Jahren erlernen, denn seit der Geburt des fünften Kindes war seine Mutter gelähmt und wies ihre Kinder in der Hausarbeit an.
Natürlich ist es vor allem die Küche Italiens, die Bergoglio schätzt. Und da besonders die des Nordwestens – also jene Region, in der seine Ahnen beheimatet waren und wo reichhaltige Fleischmahlzeiten von Rind, Rebhuhn, Fasan und Wild auf den Tisch kommen. Am meisten liebt Bergoglio gebratenes Huhn - aber nur ohne Haut! Dazu einen Wein und hinterher ein biss-

chen Obst. Oder Zabaglione, die berühmte piemontesische Spezialität, hergestellt aus Eiern,
Zucker und Moscato-Wein.

Er isst gerne alleine, Einladungen zum gesel-
ligen Essen wehrte er immer schon ab. Mit einer
Ausnahme: Wenn es Bagna Cauda gibt, eine Art
piemontesisches Fondue, bei dem rohes Gemü-
se in eine warme Sauce aus Olivenöl, Sardellen
und Knoblauch getunkt wird. Da kann der
Pontifex einfach nicht widerstehen.

◇

Bergoglio und die Politik

Nach seiner Priesterweihe im Dezember 1969 stieg Bergoglio schnell zum Jesuiten-Provinzial Argentiniens auf. In seine Amtszeit fiel auch die Zeit der argentinischen Militärdiktatur von 1976-1983. Das Verhältnis des heutigen Papstes zu den damaligen Machthabern wird äußerst widersprüchlich bewertet. Wiederholt wird der Fall von zwei Ordensbrüdern aufgerollt, die damals unter schlimmsten Umständen in einem Foltergefängnis inhaftiert gewesen waren und die bald nach ihrer Freilassung Bergoglio Schwäche im Umgang mit dem Regime vorwarfen. Nach ihrer Aussage habe sich der Jesuiten-Obere nicht genügend vor sie gestellt und sie geschützt. Bergoglio selbst erklärte hierzu, dass er wenige Tage vor dem Staatsstreich 1976 die beiden Patres vor der bevorstehenden Gefahr gewarnt und ihnen angeboten habe, jederzeit im Jesuitenhaus Schutz suchen zu können. Einer der beiden Jesuitenpatres, Franz Jalics, hat jüngst dem Heiligen Vater bescheinigt, dieser sei völlig unschuldig an ihrer Verhaftung in den 1970er Jahren gewesen. Auch andere Kirchen-Vertreter sagen, für die Vorwürfe gebe es keinerlei Beweise. Ganz im Gegenteil habe Bergoglio vielen Dissidenten geholfen, den Schergen der Militär-Junta zu entkommen.

In seinen Predigten hat Bergoglio oft die politischen und sozialen Verhältnisse seines Landes angeprangert. Allerdings hat er das Herrscherpaar Néstor und Cristina Kirchner in seinen Reden niemals direkt namentlich erwähnt, wohl aber die Auswüchse der Korruption und der Habgier in dem jahrelang boomenden südamerikanischen Land. Die Metropole Buenos Aires, die sinnigerweise auch noch mit „guter Luft" zu übersetzen ist, jedoch vielfach auch an Verkehrslärm und Abgasen leidet, bezeichnete Bergoglio als einen „Fleischwolf", der die Armen verzehre.

Er hörte nicht auf darauf hinzuweisen, dass die Herrschaft des Geldes eine dämonische Wirkung habe, welche Korruption, Drogen- und Menschenhandel – sogar den Handel mit Kindern – in allen Abartigkeiten nach sich ziehe.

◇

Sein heftigster Konflikt mit der Regierung Kirchner drehte sich um die Homosexuellen-Ehe, die seit 2011 in Argentinien offiziell akzeptiert wird und zugelassen ist. In seiner Argumentation gegen die gleichgeschlechtliche Ehe bezog sich Bergoglio auf das Naturrecht, das in der Bibel erscheint. Es behandelt nur die Verbindung von Mann und Frau.

Bergoglio gibt zu, dass es Homosexuelle zu jeder Zeit gegeben hat: „Aber in keinem Augenblick der Geschichte wurde ihnen derselbe Status wie der Ehe eingeräumt. In unserer Zeit wird erstmals das Rechtsproblem aufgeworfen, eine gleichgeschlechtliche Verbindung der Ehe gleichzustellen. Ich halte es für eine Ent-Wertung und für einen anthropologischen Rückschritt. (…) Unsere Ablehnung der gleichgeschlechtlichen Verbindungen hat keine religiöse, sondern eine anthropologische Grundlage."

◇

Auch das Thema Abtreibung war ein Streitpunkt. Man kann davon ausgehen, dass Papst Franziskus auch künftig bei beiden Themen keinen Millimeter von seiner Haltung
abweichen wird.

Die Ursache für den sexuellen Missbrauch in der Kirche im Zölibat zu suchen, hält Bergoglio für schlichtweg falsch: „Wenn ein Priester pädophil ist, war er es, bevor er Priester wurde."
Seine Haltung in dieser Sache ist eindeutig – man darf solche Vorfälle keinesfalls unter den Teppich kehren. Als er noch Bischof war, rief ihn

ein Kollege an und bat in einem konkreten Fall um seinen Rat. Bergoglio hierzu: "Ich sagte zu ihm, er sollte ihm die kanonischen Lizenzen entziehen, ihn nicht mehr das Priestertum ausüben lassen und den entsprechenden Prozess vor dem kirchlichen Tribunal einleiten (…). Den Priester zu versetzen, hat keinen Sinn. Denn im Koffer nimmt er das Problem mit."

◇

Als Papst hat Bergoglio seine einstigen Fehden vergessen. Eine seiner ersten Amtshandlungen war, die argentinische Präsidentin Cristina Kirchner, mit der er über verschiedene Themen oft über Kreuz lag, kurzerhand zum Mittagessen einzuladen. Sie brachte ihm Mate-Tee aus der Heimat mit und bat ihn um Vermittlung im Falkland-Konflikt. Zum Abschied drückte FranzisKu♥s der stark geschminkten Lady ein Küsschen auf die Wange. Sie soll daraufhin total errötet sein.

Papst Franziskus
Konklave und Wahl

Bereits im April 2005 wurde er fast Papst.
Kardinal Bergoglio konnte beim damaligen Konklave angeblich vierzig der 115 Stimmen auf sich
vereinen. Erst sein Rückzug zugunsten des erst-
gereihten Kardinals Joseph Ratzinger hat dessen
Wahl mit großer Mehrheit möglich gemacht.

◇

Für Kardinal Bergoglios Reise acht Jahre später
zum Konklave nach Rom hatten Freunde und
Bekannte etwas Geld zusammengelegt, denn in
ihren Augen konnte es nicht sein, dass der Erzbischof von Buenos Aires mit alten, ausgetretenen
Schuhen in die Ewige Stadt flog. Sie kauften ihm
ein paar neue schwarze Halbschuhe. Er hat dies
akzeptiert, obwohl das Annehmen von Geschen-
ken ihm von jeher schwer fiel.

◇

Aus dem Schornstein der Sixtinischen
Kapelle war kurz nach 19 Uhr an jenem
Dienstag, dem 13.3.13, weißer Rauch aufgestie-
gen - als Zeichen dafür, dass ein Name bei der
Abstimmung der 115 im Konklave wahlberechtig-
ten Kardinäle die nötige Zwei-Drittel-Mehrheit
bekommen hatte. Innerhalb von Minuten ström-
ten Massen von Pilgern auf die Via della Conci-
liazione, die zum Vatikan führt sowie in die engen
Straßen rundherum. Zur Verkündung des neuen
Papstes drängten hunderttausende Menschen
auf den Petersplatz und riefen "Viva Papa".
In der gesamten Stadt erklangen die Glocken.
Als erste hatte die Glocke des Petersdom die
Wahl des neuen Papstes nach dem vierten
Wahlgang angekündigt.
Es waren ergreifende Momente.

◇

Eigentlich sollte der Kölner Dom weltweit die
erste Kirche sein, die das Ende der Wahl in Rom
verkündete. Dompropst Norbert Feldhoff hatte
extra drei „Späher" auf dem Petersplatz postiert,
die den Auftrag hatten am Rhein anzurufen, so-
bald weißer Rauch zu sehen sei. Doch dann bra-
chen die Handynetze zusammen und die Kölner

Domglocken ertönten eine Minute später als die Glocken im Petersdom.
Bei der Wahl von Benedikt XVI. hatte der Kölner Dom noch vorne gelegen. Im Jahre 2005 hatten in Rom die Glocken erst geläutet, nachdem der Name verkündet worden war. Die Chefglocke des Kölner Domgeläuts, der "Dicke Pitter", hatte sich aber bereits beim Aufsteigen des weißen Rauches in Bewegung gesetzt.

◇

Der Kardinalprotodiakon Jean Louis Tauran, ein Franzose, trat als Erster auf den Mittelbalkon des Petersdoms und sprach die berühmte Formel "Annuntio vobis gaudium magnum, habemus Papam!" ("Ich verkünde euch eine große Freude, wir haben einen Papst!").

◇

Als sich dann um 20:22 Ortszeit die Fenstertüren der Benediktionsloggia des Petersdoms öffneten und der neu gewählte Papst heraustrat, war für eine Weile tiefes Schweigen unter den vielen Menschen auf dem Petersplatz. Etliche schienen sich zu fragen: Wer ist dieser Mann, der da oben in schlichter weißer Soutane steht? Was kann man von seinem Gesicht ablesen?

Für Minuten verharrte auch Papst Franziskus reglos und konzentriert, die Haltung straff und sehr gerade, er wirkte wie ein sanfter Soldat Jesu. Er lächelte nicht, sondern schaute nur, ehe er mit ruhiger Stimme die Menschen begrüßte:

„Brüder und Schwestern! Guten Abend! Ihr wisst, es war die Aufgabe des Konklaves, Rom einen Bischof zu geben. Es scheint, meine Mitbrüder, die Kardinäle, sind fast bis ans Ende der Welt gegangen, um ihn zu holen. … Ich danke euch für diesen Empfang. Die Diözese Rom hat nun ihren Bischof. Danke. Zunächst möchte ich ein Gebet sprechen für unseren emeritierten Bischof Benedikt XVI. Beten wir alle gemeinsam für ihn, dass der Herr ihn segne und die Mutter Gottes ihn beschütze."

Die anwesenden Menschen in Rom, aber auch jene vor den Fernsehern in der ganzen Welt, waren berührt als er darum bat, man möge für ihn den Segen Gottes erbitten, bevor er als Papst den ersten Segen spendete. Damit gab er zu verstehen, dass er sein Amt bezogen auf das Volk Gottes ausüben möchte und nicht über oder neben ihm stehen will.

◇

Nach Verkündung des neuen Papstes und dessen Ansprache brach für Momente das Netz zusammen, weil eine Unmenge an Menschen diesen Unbekannten aus Südamerika googelten.

◇

"Möge Gott Euch vergeben für das, was Ihr getan habt" – mit diesen launigen Worten erheiterte der neue Pontifex „vom anderen Ende der Welt" die Kardinäle, weil sie mehrheitlich für ihn gestimmt hatten. Der 76-jährige Papst machte diese Bemerkung am Ende eines kurzen Toasts beim gemeinsamen Abendessen.

◇

Die Papstwahl wurde in Argentinien bejubelt. Im Kongress unterbrach der Vorsitzende der Abgeordnetenkammer, Julián Domínguez, die Sitzung. Er rief spontan: "Es gibt einen Papst und der ist Argentinier!" Bei Twitter kursierte schon

bald der Slogan "Los Argentinos Dominan ElMundo" - die Argentinier regieren die Welt.
Nicht von der Hand zu weisen, wenn man bedenkt, dass Südamerika d e r Kontinent des Katholizismus ist, in Zahlen ausgedrückt:
425 490 000 Katholiken leben dort (Stand 2010).
In Argentinien sind 76,8 Prozent der Bevölkerung katholisch.

◇

Erstmals seit dem Syrer Gregor III. (von 731 bis 741 Papst in Rom) stammt ein römisch-katholisches Kirchenoberhaupt nicht aus Europa.
Jorge Mario Bergoglio ist zudem der erste Lateinamerikaner und der allererste Jesuit auf dem Heiligen Stuhl.
Weswegen ihm einige Kardinals-Kollegen rieten sich Clemens XV. zu nennen – als kleine Vergeltung an jenem Papst, der einst als Clemens XIV. im 18. Jahrhundert den Jesuitenorden verbieten wollte.
Aber wer denkt bei einer solch feierlichen Gelegenheit schon an Rache... Und hat Christus uns nicht gelehrt, wie wichtig verzeihen ist?

◇

Tatsächlich wurde Ignatius von Loyola (1491-1556) bereits zu Lebzeiten mit einigem Argwohn betrachtet, die Inquisition witterte in ihm einen Anhänger Luthers, Loyola wurde deshalb verhaftet, verhört, kam aber wieder frei. Nach einer Vision gründete der Mystiker 1534 die „Gesellschaft Jesu", deren Mitglieder sich neben den üblichen Gelübden der Keuschheit, der Armut und des Gehorsams gegenüber den Oberen zu einer absoluten Papsttreue verpflichteten. Die Zahl der Jesuiten wuchs rasch – bereits bei Ignatius' Tod waren es tausend Mitglieder – und der Orden wurde zu einer Elite-Gruppe innerhalb der katholischen Kirche. In späteren Jahrhunderten war der Jesuiten-Orden allerdings wiederholt Verfolgungen ausgesetzt, weil ihm Verschwörungen unterstellt wurden. Im Jahre 1773 wurde der der Orden für knapp vierzig Jahre aufgehoben – veranlasst von eben jenem Papst Clemens XIV.

Heute gibt es weltweit rund 18.000 Jesuiten.

Im Jahre 1958 trat Jorge Mario Bergoglio in den Jesuitenorden ein, er studierte Philosophie und Theologie.

„Normalerweise strebt kein Jesuit nach Ämtern und Würden in der Kirche. Er verweigert sich aber auch nicht, wenn er in den Dienst gerufen wird", teilte die Deutsche Ordensprovinz mit.

◇

Gern erzählt der Heilige Vater die Geschichte, wie er sich spontan für den Namen Franziskus entschied: Mit 114 weiteren Kardinälen befand er sich in Konklave in der Sixtinischen Kapelle, unter Michelangelos "Jüngstem Gericht". Nach mehreren Wahlgängen geschah es immer häufiger, dass bei der Stimmauswertung sein Name ausgerufen wurde. Bergoglio, dem ein gewisser Schalk zu eigen ist, liebt es, an dieser Stelle kurz inne zu halten und dann mit leiser Stimme zu sagen: „... die Sache wurde jetzt sehr gefährlich für mich."

Als schließlich die Zweidrittelmehrheit von 77 Stimmen tatsächlich erreicht und damit klar war, dass er der neue Papst sein würde, habe sein Freund, der Erzbischof von São Paolo, ihn umarmt und ihm zugeflüstert: "Vergiss die Armen nicht." Diese kurze, gut gemeinte Ermahnung traf den neuen Papst ins Herz und sogleich erinnerte er sich an den Heiligen Franz. Und wie wichtig dessen Botschaft vom Frieden auch für die moderne Welt sei.

Bei dieser blitzschnellen Entscheidung mag Kardinal Bergoglio vielleicht auch sein Vater im Gedächtnis gewesen sein, der bereits mit 51 Jahren an einem Herzleiden verstorben war und mit drittem Vornamen Francisco hieß.

◇

Mit Franz von Sales, dem imposanten Mystiker und Kirchenlehrer sowie dem Missionar Franz Xaver (ebenfalls ein Jesuit), verfügt die Kirche über weitere große Träger dieses Namens. Franz Xaver hatte mit dem neuen Papst nicht nur den Orden, sondern auch Spanisch als Muttersprache gemeinsam. Im 16. Jahrhundert brachte er das Evangelium bis nach Japan und China.

◇

Es gibt gewisse Tabus bei der Auswahl eines Papst-Namens. So kommt weder der Name des Heilands selbst in Betracht, noch einer der Namen der zwölf Apostel (und schon gar nicht der des Petrus) und auch die Rufnamen der Evangelisten bleiben ausgeklammert. Doch keiner der 265 Bischöfe von Rom war bislang auf die Idee gekommen sich den Namen Franziskus als offiziellen Amts-Namen zuzulegen. Mit Blick auf das Mittelalter ist dies umso erstaunlicher, denn der 1181/82 geborene Franz von Assisi ist einer der am glühendsten verehrten Heiligen der römisch-katholischen Kirche.

Franz von Assisi stammte aus einer wohlhaben-
den Tuchhändlerfamilie und hatte nur eines im
Sinn: Gott zu dienen und diesen Dienst durch ein
enthaltsames, entbehrungsreiches und opferwilli-
ges Leben zu demonstrieren. Einst kniete der
Heilige Franz mit zwölf Mitbrüdern vor Papst
Innozenz III. und bat um nichts anderes als arm
sein zu dürfen. Jahrelang zog er mit Kranken,
Aussätzigen und völlig mittellosen Menschen
durch die Straßen, schloss sich 1219 dem Kreuz-
zug an und predigte sogar vor muslimischen
Soldaten. Selbst den Tieren, deren Sprache er
beherrscht haben soll, wollte er das Wort Gottes
nahebringen und las ihnen aus der Bibel vor.
Vielen seiner Zeitgenossen galt Franziskus
als ein „neuer Christus". Nur zwei Jahre nach seinem Tod wurde er 1228 von Papst Gregor IX.
heiliggesprochen. Sich diesen großen Namen als
Jesuit zuzulegen, zeugt von einem bemerkens-
werten Selbstbewusstsein.

◇

Vatikansprecher Federico Lombardi beeilte sich
in den ersten Tagen mit der Feststellung, dass
die nachgestellte Ordnungszahl I. solange nicht
zu verwenden sei, wie kein weiterer Papst den

Namen „Franziskus" wählt. Viele Medien hatten den neuen Papst sogleich als „Franziskus den Ersten" ausgerufen. Das ist falsch – Franziskus ist schlicht Franziskus.

◇

Sein neues Papstwappen entspricht dem ehemaligen erzbischöflichen Wappen – nur dass die Attribute Stern und Nardenblüte nun goldfarben sind statt silbrig. Der blaue Schild zeigt das Siegel der Gesellschaft Jesu, welches aus einer goldenen Sonne mit dem roten Christusmonogramm IHS (Iota, Eta, Sigma) besteht, einem roten Kreuz über dem Eta und drei schwarzen Nägeln als Zeichen der Kreuzigung Jesu und als Symbol für die Evangelischen Räte. Franziskus' Motto bleibt „Miserando atque eligendo" (Durch Erbarmen erwählt). Der Spruch geht auf den angelsächsischen Benediktinermönch Beda Venerabilis (673-735) zurück und ist Teil eines Bibeltextes, in welchem der Apostel Matthäus von Jesus erwählt wird. Als sich Jorge Mario Bergoglio mit 17 Jahren für den Priesterberuf entschied, habe diese Bibelstelle für ihn eine entscheidende Rolle gespielt, heißt es aus dem Vatikan.

Maria Elena Bergoglio ist die einzige heute noch lebende Schwester des Papstes. Sie wohnt mit ihrer Familie im Vorort Ituzaingo der argentinischen Metropole und telefoniert regelmäßig mit ihrem elf Jahre älteren Bruder. Am Samstag nach der Wahl fasste dieser sich bei seinem Anruf aus Rom allerdings kurz, das ganze Telefonat dauerte nicht länger als zwei Minuten. Sie, Maria Elena, solle der ganzen Familie ausrichten, dass es ihm gut gehe, bat der Papst. Er könne jetzt nicht mit jedem einzeln sprechen und überhaupt müssten sie schnell zum Ende kommen – er wolle dem Vatikan keine so hohe Telefonrechnung zumuten. Seine Wahl kommentierte er mit den Worten, dass sich die Dinge so ergeben hätten... „ich konnte nicht nein sagen."

◇

Neben der Freude und dem Stolz nun die Schwester des Heiligen Vaters zu sein, macht sich Maria Elena auch Sorgen um ihren Bruder. Vor etlichen Jahren hat sie Papst Johannes Paul II. in Rom getroffen, als ihr Bruder Kardinal wurde: „Ich kniete nieder, küsste seinen Ring und sah in seinem Augen viel Liebe, aber auch große Einsamkeit. Die Liebe spricht auch aus den Augen meines Bruders, aber die Einsamkeit würde ich ihm lieber ersparen."

◇

Maria Elenas Sohn Jorge Vallejos äußerte, dass er die Papstwahl via Internet verfolgt habe. Als er gewahr wurde, dass sein Onkel zum Oberhaupt aller Katholiken ernannt worden sei, habe er sich vor Schreck erst einmal setzen müssen. Jorge gab zu, dass er gemischte Gefühle hege – einerseits freue er sich für den Onkel, auf der anderen Seite vermisse er ihn auch jetzt schon sehr.

◇

Seine Tendenz zur absoluten Bescheidenheit wurde bald legendär und überall zitiert. So soll Papst Franziskus sofort nach der Wahl seinem Zeremonienmeister Monsignore Guido Marini klipp und klar zu verstehen gegeben haben, er werde die rote Samt-Mozzetta mit Hermelinbesatz nicht anziehen. „Trag du sie doch!" schlug er ihm vor. Und gleich mit dem nächsten Satz hat er unterstrichen, dass die Demonstration von Schlichtheit ein Grundsatz seines gesamten Pontifikats sein werde: „Der Karneval ist vorbei."

An jenem Mittwochabend ist er dann noch allein und inkognito durch die Gassen um den Vatikan spaziert. Der neue Papst fuhr auch nicht mit der Staatslimousine mit dem Nummernschild „Vatikan 1" in seine Unterkunft in der Casa „Santa Marta", sondern gemeinsam mit den anderen Kardinälen im Mini-Bus.

Am Donnerstag begab sich "Papa Francesco" um acht Uhr in der Früh in seine Herberge in der Via della Scrofa um sein Gepäck abzuholen. Und - um seine Rechnung zu bezahlen. Aus eigener Tasche, versteht sich.

◇

Am Tag nach der Wahl war es dem Heiligen Vater ein Anliegen zur Mutter Gottes zu beten – und es war vielen Römern allzu offensichtlich, wohin er sich dafür begeben würde: zur Basilika „Santa Maria Maggiore" am Esquilins-Hügel. Die Kirche aus dem 5. Jahrhundert ist berühmt für ihre frühchristlichen Mosaike, doch vor allem befindet sich in einer Seitenkapelle die Maria

Salus Populi Romani, die eine Art Schutzheilige der Stadt ist und verantwortlich für das Wohl des römischen Volkes. Und der Papst ist eben in erster Linie auch der Bischof von Rom.

Bei seinem Besuch in der Basilika kniete Franziskus vor dem Marienbild nieder und betete, er verharrte zehn Minuten in Schweigen und legte einen Blumenstrauß auf den Altar.

Anschließend verweilte er noch vor dem Altar einer anderen Kapelle in der Kirche, in der Ignatius von Loyola, der Gründer des Jesuitenordens, seine erste Weihnachtsmesse feierte.

◇

Bei der ersten Messe in der Sixtinischen Kapelle am Donnerstag zelebrierte Bergoglio an einem so genannten „Volksaltar" - mit einer Schauseite und einer Rückseite aus billigem Sperrholz. Papst Johannes Paul II. hatte diesen errichten lassen, den sein Nachfolger Papst Benedikt XVI. wieder entfernen ließ. Zuletzt hatte der Pontifex aus Bayern nur noch an dem ursprünglichen Hochaltar am Kopfende der Kapelle die Messe gehalten, mit dem „Gesicht zu Gott gewandt". Franziskus blickte dagegen beim Gottesdienst den Kardinälen wieder ins Gesicht.

Damit zeigte er nicht nur eine Richtungsände-
rung an, sondern es ist eine
neue Weltanschauung.

◇

Die ersten Worte auf Deutsch, die er mit leichtem
spanischen Akzent als Neu-Papst sprach, waren
ein Zitat aus dem Geburtstagsgedicht des Dich-
ters Friedrich Hölderlin an seine Großmutter: "Es
ist ruhig, das Alter, und fromm". Dies geschah bei
seiner ersten Audienz für die Kardinäle in der
Sala Clementina im Apostolischen Palast am
Freitag, also zwei Tage nach der Wahl. Der Papst
sprach in Hinblick auf das hohe Alter vieler
Kardinäle über die Bedeutung des Alters als "Sitz
der Weisheit". Diese Weisheit müsse an die
junge Generation weitergegeben werden.

◇

„Cari fratelli, forza!", „Liebe Brüder, los!" - mit leb-
haftem Blick und temperamentvollen Gesten rief
der Papst am Freitagmorgen im Apostolischen

Palast die Kardinäle zu neuer Dynamik bei der Verkündigung des Christentums auf.

◇

Am Sonntag, dem 17. März, tauchte Papst Franziskus pünktlich um 12 Uhr am Fenster seines neuen Arbeitszimmers auf, um das erste öffentliche Angelus-Gebet in seiner Amtszeit zu beten. Das „Ave Maria" rezitierte er in Latein, immer wieder brandete Beifall auf. Nach dem Apostolischen Segen hatte der Heilige Vater wieder eine Überraschung parat: Statt dem sonst üblichen Gruß in allen Weltsprachen wünschte er den Gläubigen lediglich „Buon pranzo" – „Guten Appetit". Wenig später schickte er seine erste Twitter-Nachricht über @Pontifex an alle Follower: „Liebe Freude, ich danke euch von Herzen und bitte euch, weiterhin für mich zu beten."

◇

Auf Twitter folgen ihm inzwischen fast zwei
Millionen Menschen.
Schon bald nach seiner Wahl hatte er die Herzen
der Gläubigen gewonnen.
Jorge Mario Bergoglio ist wohl auch der erste
Papst mit einer eigenen Facebookseite –
lange schon vor seiner Wahl hatte er sie
eingerichtet:
www.facebook.com/JorgeMarioBergoglio.
Die Zahl der User, denen sie gefällt,
steigt Stunde um Stunde.

◇

Bei einem so fussballnärrischen Papst waren
bald die ersten Fußballwitze geboren: Die Sport-
zeitung "Olé" etwa deutete in ihrer Online-Ausga-
be auf das legendäre Handspiel Diego
Maradonas im WM-Halbfinale 1986 an. Über ein
Foto, auf dem Franziskus vom Balkon des Petersdoms winkt, schrieb sie: "La Mano de Dios" -
die Hand Gottes.

◇

Gleich in der ersten Woche hat Papst Franziskus den Generaloberen des Jesuitenordens, Adolfo Nicolás, im Gästehaus des Vatikans empfangen. Und hat nach der Begrüßung mit jesuitischer Umarmung sogleich klargestellt, dass er auf keinen Fall mit „Eure Heiligkeit" und „Heiliger Vater" angeredet werden möchte. Er erbat von Nicolás wie jeder andere Jesuit behandelt und damit auch geduzt zu werden.

◇

Für seine Bodyguards ist Franziskus ein wahrer Schrecken – denn der Papst gibt sich nahbar, bis hin zu Berührungen. Vor dem Eingang zur Vatikankirche Sankt Anna badete er am ersten Sonntag nach seiner Wahl spontan und sorglos in der Menge, schüttelte Hände, wich keiner Begrüßung aus, herzte die Menschen. Niemand hatte zuvor die Papstfans nach Waffen durchsucht, aber an eine solche Vorsichtsmassnahme würde der Heilige Vater nicht einen Gedanken verschwenden. Warum auch?
Chef-Bodyguard Domenico Giani blieb an diesem Tag nichts anderes übrig als die Dinge laufen zu lassen und mit saurer Miene dabei zu stehen.

Fünf Tage nach der Papstwahl klingelte bei Familie Del Regno in Buenos Aires in der Mittagszeit das Telefon. Sohn Daniel hob ab und glaubte zuerst an einen Scherzanruf seiner Kumpels. Denn die Stimme am anderen Ende sagte:
„Hallo Daniel, hier ist Kardinal Jorge."
Wie sich im weiteren Gespräch herausstellte, war es wirklich der Papst aus Rom, der persönlich sein Zeitungsabonnement kündigen wollte. Daniels Vater Luis Del Regno ist der Besitzer eines Kiosks, von dem der ehemalige Kardinal seine Zeitung bezog. Werktags brachten Angestellte des Kiosks dem Geistlichen die Zeitung nach Hause, sonntags kam Bergoglio persönlich vorbei, um die Zeitung zu kaufen und hat dann noch ein Schwätzchen
mit Luis Del Regno gehalten.
Vor seiner Abreise Anfang März hatte nicht einmal Bergoglio selber im Traum damit gerechnet, möglicherweise nicht so schnell nach Argentinien zurückzukehren. Auf Daniel Del Regnos Frage damals, ob er sich denn Chancen bei der Papst-Wahl ausrechne, hatte Kardinal Bergoglio geantwortet: "Das Thema ist ein zu heißes Eisen. Wir sehen uns in 20 Tagen, liefere einfach weiter die Zeitung aus."

◇

Der römische Pförtner Andreas war so verwirrt, als der Papst höchstpersönlich am Telefon war und für ein Gespräch mit dem Generaloberen der Jesuiten, Pater Adolfo Nicolás verbunden werden wollte, dass es zunächst ein paar beruhigende Worte brauchte. Als der Papst merkte, wie verwirrt der Pförtner war, fragte er ihn nach seinem Namen und erkundigte sich, ob es ihm an diesem Morgen gut gehe. Pförtner Andreas gab zu durch diesen Anruf völlig durcheinander zu sein.

Franziskus antwortete, dass er das gut verstehe und wartete geduldig, bis der Pförtner seiner eigentlichen Aufgabe nachgehen konnte.

◇

Franziskus rief auch selbst in seiner bisherigen Erzdiözese in Buenos Aires an. Die Ordensfrau am Telefon fragte: „Wer spricht?"
Er sagte nur: „Pater Georg."
„Eure Heiligkeit?" war prompt die Gegenfrage.
Und Franziskus erwiderte:
„Ach was, hier ist Pater Georg."
In der Praxis seines argentinischen Zahnarzt war man von den Socken, als der Pontifex sich

aus Rom am Telefon meldete, um die nächste Behandlung abzusagen.

◇

Wir Deutschen können immer noch ein bisschen behaupten: Wir sind Papst! Denn der Name Bergoglio ist wohl deutschen Ursprungs. Darauf machte der bekannte Leipziger Namensforscher Prof. Jürgen Udolph aufmerksam, der Bergoglio vom alten Vornamen „Beriko" für Bär bzw. vom germanischen Wort für „Berg" ableitet. Und den „Berg" schon im weltlichen Namen zu führen ist für einen späteren Papst von besonderer Tragweite: Schließlich sagte Jesus zu Simon Petrus (Matthäus 16,18): „Ich aber sage dir: Du bist Petrus und auf diesen Felsen werde ich meine Kirche bauen und die Mächte der Unterwelt werden sie nicht überwältigen."

◇

Die Amtseinführung

Tatsächlich scheint die Welt auf Franziskus zu „fliegen". Zu seiner Inauguration am 19.3.2013 reisten 132 Regierungsdelegationen aus aller Welt nach Rom (die größte Delegation war die deutsche, angeführt von Bundeskanzlerin Angela Merkel). Darunter 33 Staatsoberhäupter, zwölf Regierungschefs sowie sechs regierende Monarchen.

Nach der Messe durften die Staatsgäste dem neuen Papst die Hand reichen. Als erste gratulierte Argentiniens Präsidentin Cristina Kirchner dem Papst, da er Argentinier ist. Es folgten Italiens Staatspräsident Giorgio Napolitano sowie der amtierende Ministerpräsident Mario Monti.

Alle Gratulationen geschahen im Blitzverfahren: Jeder hatte genau 30 Sekunden. Das wurde abgestoppt.

◇

Die Begegnung des Papstes mit dem Langzeitdiktator von Simbabwe, Robert Mugabe, wurde von der Öffentlichkeit mit Neugierde beobachtet. Mugabe ist es nicht gestattet in die EU einzurei-

sen, wohl aber in den Vatikan. Der Papst gab
sich diplomatisch und wechselte, wie mit allen
Delegationsleitern, auch mit Mugabe
einige Worte.

◇

Kirchenpolitisch sorgte für Aufsehen, dass zum
ersten Mal seit der Kirchenspaltung im Jahre
1054 auch der griechisch-orthodoxe Patriarch,
Bartholomaios aus Istanbul, zur Einführung eines
Papstes angereist war. Bis dato kamen hohe
Würdenträger wie er höchstens zu Begräbnissen.
Die Umarmung zwischen dem Papst und Bartho-
lomaios gilt als wichtiges Zeichen für die Einheit
der Christen. Beide haben sie eine gemeinsame
Reise nach Jerusalem vereinbart. Die Kirchen-
fürsten wollen so die Beziehungen zwischen den
Kirchen weiter intensivieren.

◇

Welche Schuhe trägt der Papst?
Eine solch profane Frage interessiert die Welt
brennend. Franziskus' Vorgänger Benedikt XVI.

hatte stets die feinen roten Mokassins an. Aber passt solches Schuhwerk zum neuen Papst? Nein, natürlich nicht, und deshalb trug der Heilige Vater am 19. März, dem Tag seines Amtsantrittes, simple schwarze Schuhe mit Schnürsenkeln.
Und er besteht auch darauf
sie selber zu zubinden.

◇

Der Pontifex zieht Silber und silberfarbenes Metall dem teureren und edlerem Gold vor.
Nur einige Beispiele:
Als Fischerring recycelte Franziskus einen Ring aus vergoldetem Silber aus der Ära Pauls VI. und der Zeit des
Zweiten Vatikanischen Konzils.
Und für das goldene Kreuz der Päpste wollte er nicht auf sein Eisenkreuz verzichten.
Hat diese Vorliebe möglicherweise auch mit seinem Herkunftsland zu tun? Argentinien leitet sich vom lateinischen Wort für Silber - argentum - ab und ist ein Hinweis dafür, was die spanischen Eroberer einst auf dem neu eroberten Kontinent zu finden hofften.

◇

Die heilige Messe zur Amtseinführung wurde auf dem Petersplatz von 180 Kardinälen und Bischöfen mit zelebriert. Die Lesungen wurden auf Englisch und Spanisch vorgetragen. Das Evangelium sang ein Diakon auf Griechisch als Zeichen der Verbundenheit mit den Ostkirchen. Fürbitten wurden unter anderem auf Russisch, Arabisch und Mandarin gehalten. Rund 300.000 Menschen wohnten vor Ort der Zeremonie bei. Der Höhepunkt: Unter den Augen der gekrönten Häupter wurde Franziskus mit den Insignien seines Amtes ausgestattet - Fischerring und Pallium.

Bei diesem Anlass wollte der neue Papst eigentlich keine argentinischen Schlachtenbummler sehen. Er fand es übertrieben, dass Menschen seinetwegen eine so große Reise antreten.

Auch den Bischöfen hatte er vorab mitgeteilt, dass sie und alle Gläubigen lieber zu Hause bleiben und das gesparte Reisegeld denen schenken sollten, die es nötig haben.

Aber die Argentinier waren in ihrer Euphorie nicht davon abzuhalten nach Rom zu reisen. Und besonders die Fußballfans machten auf auf dem Petersplatz auf sich aufmerksam: In eine Riesenfahne ihres Erstliga-Fußballklubs San Lorenzo hatten sie ein Porträt von Franziskus, ihres jetzt berühmtesten Fans, montiert.

◇

Stets in der Nähe des Pontifex ist der gut ausse-
hende Erzbischof Georg Gänswein, auch „Geor-
ge Clooney des Vatikans" genannt, der nun als
Präfekt des Päpstlichen Hauses und Sekretär
des zurückgetretenen Papstes Benedikt XVI.
eine Doppelfunktion innehat. Es scheint ihm
nichts auszumachen, im Gegenteil – der lockere,
unprätentiöse Stil seines neuen Herrn gefällt
Gänswein. Eine seiner ersten Amtshandlungen
war Papst Franziskus aus der Klemme zu helfen:
Die Tür der Papst-Wohnung wollte nicht aufge-
hen, als der Pontifex sie erstmalig betreten wollte. Gänswein kannte sich mit der Macke der Tür
aus, es gelang ihm schnell sie zu öffnen. Dann
schaltete der deutsche Erzbischof die Lichter ein
und führte den Papst mit einer Gruppe
von Kardinälen von Zimmer zu Zimmer.

◇

Der Heilige Vater hat beschlossen, nur einige
Zimmer der Papstwohnung im Apostolischen Pa-
last zu beziehen. „Hier gibt ja es Platz für 300
Personen!" wurde er ein Ausruf von ihm zitiert,
nachdem er die Wohnung erstmals in
Augenschein genommen hatte.

Bis seine Möbel und Privatsachen in Rom eintrafen, wollte der Papst auf jeden Fall im vatikanischen Gästehaus „Santa Marta" wohnen bleiben. Immerhin hatte er nach einigen Tagen das kleine Zimmer, das ihm für das Konklave zur Papstwahl zugewiesen worden war, gegen eine Drei-Raum-Suite getauscht. In dieser konnte er auch im Rahmen seiner Tätigkeit Besucher empfangen. Die weitläufige päpstliche Wohnung nutzte Franziskus nur, um für das Angelus-Gebet auf den Balkon zu treten. Außerdem setzte er sich regelmäßig im Papst-Palast zum Arbeiten in die Bibliothek. In „Santa Marta" pflegte er einen herzlichen Umgang mit den Hausangestellten. Überhaupt schien sich Bergoglio dort wohlzufühlen. Er bewegte sich unkompliziert unter den anderen Gästen und setzte sich im Speisesaal einfach dorthin, wo gerade Platz war. Auch die Messe am Freitagmorgen hat er in der Hauskapelle gemeinsam mit anderen Bewohnern gefeiert. Bis Ostern war das Haus rappelvoll, denn nach der Papstwahl übernachteten in „Santa Marta" fünfzehn Kardinäle, die den Rest der Fastenzeit noch in Rom verbringen wollten. Auf Dauer könne Papst Franziskus sich jedoch nicht im Gästehaus einrichten, hieß es aus dem Vatikan, da dies erhebliche Probleme für die Wahrung der Sicherheitsstandards mit sich bringen würde. Aber wer weiß... Das Haus wird von Vatikanbesuchern - darunter auch Bischöfe, Nuntien und Vatikanberatern - wie ein Hotel genutzt.

Am Samstag fand ein besonderes und in der 2000-jährigen Kirchengeschichte einmaliges Gipfeltreffen in der päpstlichen Sommerresidenz Castel Gandolfo, 30 Kilometer südlich von Rom, statt: Der neue Papst besuchte den alten, der frischgewählte Pontifex den emeritierten. Benedikt XVI. wartete am Hubschrauber-Landeplatz, als Franziskus gegen Mittag eintraf. Bevor sie sich 45 Minuten lang zu einem Vier-Augen-Gespräch in die Bibliothek zurückzogen, beteten die beiden in der Privatkapelle der Anlage. Dort bot der Papst a.D. dem amtierenden Pontifex den Ehrenplatz an, doch dieser antwortete, dass sie doch Brüder seien und daher nebeneinander in der selben Bank knien sollten.

◇

Beide waren sie von Kopf bis Fuss in Weiß gekleidet: Pileolus, Soutane, sogar die Haare aufgrund des fortgeschrittenen Alters - weiß. Benedikt XVI. bewegte sich am Stock, wirkte aber robust und persönlich bewegt. Mehrfach hielten sich die beiden an der Hand. Dem alten Papst, ebenfalls ein glühender Verehrer der Mutter Gottes, hatte Franziskus eine Ikone als Geschenk mitgebracht: Die „Madonna der Demut".

Am Palmsonntag erinnerte das Kirchenoberhaupt daran, sich auch von Schwierigkeiten nie entmutigen zu lassen. „Unsere Freude entsteht nicht durch Besitztümer, sondern aus der Begegnung mit Jesus. Mit ihm sind wir nie allein, auch nicht in den schwierigen Momenten, in denen uns die Probleme unüberwindbar erscheinen." Es gelte, auch im höheren Alter ein „junges Herz" zu bewahren. Wer in Christus lebe, altere nie.
Als er mit dem Wagen den Petersplatz verließ, riefen einige Gläubige laut seinen Namen.
Papst Franziskus ließ anhalten, stieg aus und umarmte und küsste die Menschen.

Über Esther von Krosigk:

Autorin von mehreren Papstbüchern,
u.a. "Worüber der Papst lacht"
(ISBN 978-3639459739) und
„Als der Papst im Beichtstuhl saß"
(ISBN 978-3865502476)
sowie von Romanen und Sachbüchern.

www.esther-von-krosigk.de